疲れていても、おいしいものが食べたい！

若山曜子の気楽に作る日々のごはん

若山曜子

家の光協会

はじめに

食べることが好きです。
レストランを予約し、おしゃれして行ったり、おいしいと評判の店に並んだり、
食べるための手間はわりと惜しまないほうだと思います。
でも、撮影が続いてヘトヘトだったり、新しいレシピを考えて頭がいっぱいだったり……
そんな日は出かけるのが億劫。スーパーで食材を選ぶのも面倒です。

ただ、根が食いしん坊だからでしょうか、疲れているときでも、おいしいものが食べたい。
いや疲れているからこそ、家でゆっくりおいしいものを食べ、
心身ともに満たされたいと思うのです。

この本は、そんな矛盾を抱えた日に、私が作る料理を集めています。
料理をしてさらに疲れたくない！　とはいえおいしいものを食べたい、
という気持ちを満たす料理たちです。

私の場合、おなかがすいたときのほうがなぜか頭が回り、
お気に入りのレシピができたりもします。
例えば、つるんとしたワンタンを食べたいけど包むのが面倒、
だったら包まないでスープのうまみをワンタンの皮に
吸い込ませるだけでもいいのでは？とか、
スパイシーなものを食べたいけど、油っこいものは食べたくない。

ならばいっそ炒めなくてもいいかも、とか。
その日の胃袋の欲望を、手間をかけずに満たしたいという怠惰な自分の頭が
冷蔵庫を開けるとくるくると回転しはじめ、
あ、これいいかも！という新しいアイデアが浮かぶのです。

おいしくできると、簡単でおいしいって最高じゃない？と
なんだかものすごい発見をしたような、お買い得なものを買ったような気分で
うれしくなってしまうこともしばしば。
そんな料理を、（少しだけ見栄えを整えて）お届けするのが本書です。

自炊をするということは、自分の体の声を聞き、体調に合わせて、
自分のために料理をする、ということ。

おいしくて、簡単で、頭を使わずにぱぱっと作れたら言うことなし。
自分の家でゆっくりくつろいで食べられるということ自体が、
日々の疲れを取ってくれる特効薬。そう思っています。

若山曜子

Contents

1

疲れた日によく作る私のとっておき10品

2

ごはんによく合うひと皿で満足おかず

3

野菜がたっぷりとれる サラダとスープ

4

おなかと心を満たす パスタと麺

疲れていても、
おいしいものが食べたい！
こだわりポイント5

面倒なことをなるべく省きつつ、おいしさは諦めない。
レシピでとくにこだわった5つのポイントを紹介します。

1.

食材は少なめ、
扱いやすいものに

ほとんどの料理でメインの食材は2つ。多くても3つ程度にしぼりました。トマトなどそのまま食べられる野菜、火が通りやすく、やわらかく仕上がる薄切り肉、よいだしが出る骨つき肉やあさりなど、少ない食材でもおいしくできるものを使っています。

ほたてとかぶ、2つの食材だけで満足なひと皿に。かぶの葉を菜めしに使っています(p.59)。

さば缶は汁ごと使えばだしいらず。スープにして栄養を丸ごといただきます(p.16)。

2.

調理道具も少なめ、
あと片づけもラクちん

フライパンか鍋ひとつでできるものばかりなので、調理もあと片づけもラク。パスタや中華麺は別ゆでしないワンパンレシピも紹介しています。お皿を洗うのも面倒……、そんなときはごはんを一緒に盛って、ワンプレートにしても。

フライパンをそのまま食卓に。あつあつが食べられて、あと片づけもラク(p.10)。

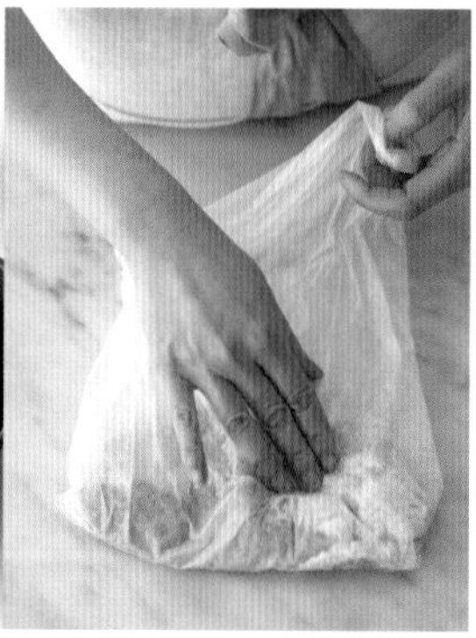

面倒なピカタもポリ袋で調理すれば、洗いものが減り、手も汚れません(p.33)。

ワンタンは包まずにスープへ。スープは梅干しとナンプラーで奥深い味わい（p.12）。

刺身はそのまま食べるのではなく、ひと工夫すれば、短時間で満足な一品に（p.22）。

3.

調理は2〜3ステップ、20分ほどで出来上がり

ほぼすべてのレシピが2〜3ステップで作ることができます。作業時間はだいたい20分ほど。うまみが多い食材や、調味料の組み合わせを工夫して、時短でもおいしい味を追求しました。

4.

野菜はたっぷり、油は控えめ

疲れた体と心をいたわるように、肉や魚のメイン料理にはたっぷりの野菜のつけ合わせを添えて。麺の具材にも野菜をたくさん使っています。油も心もち少なめにしました。ひと皿でもバランスよく、罪悪感なく食べられるレシピです。

パスタにはこれでもか、というほどの小松菜を加えて。麺が少なめでも満足（p.20）。

牛焼き肉のたれにはポン酢しょうゆとトマト。サラダ感覚でさっぱりと食べられます（p.44）。

普通のキャベツでもいいけれど、紫キャベツに替えるだけでおしゃれなひと皿に（p.14）。

スープのトマトは丸ごと煮れば、ころんとかわいい仕上がりに（p.72）。

5.

目にもおいしい！気分の上がる盛りつけ

疲れたときこそ、「おいしそう！」と感じることを大切にしたい。だから、盛りつけもちょっと工夫します。美しい色の食材を積極的に使ったり、薬味やかんきつを仕上げに添えたり。難しいことはしていませんが、ほんの少しの手間で気持ちが上がります。

[この本の使い方]

まずはレシピ通りに。次はアレンジを楽しんで

それぞれのレシピの紹介文などでは、いろいろなアレンジ法も紹介しています。
どれも私が作っておいしかったものばかりですので、試してみてください。
まず、最初はレシピどおりに作ることをおすすめします。
そこから、好みの味や具材に展開していただければと思います。
また、ひと手間加えるポイントを紹介したレシピもあります。
こちらも時間があるときや、元気があるときは、ぜひ。
ワンランク上の味に仕上がります。

この本のお約束

・🕓マークは調理時間の目安です。
・小さじ1は5mℓ、大さじ1は15mℓ、1カップは200mℓです。
・電子レンジの加熱時間は600Wを基準にしています。
500Wの場合は加熱時間を1.2倍に、700Wの場合は0.8倍を目安に調節してください。
・とくに指定がない場合、食材を洗う、野菜の皮をむくなどの基本的な下ごしらえは作り方から省いています。適宜行ってください。
・調味料はとくに指定がない場合は、しょうゆは濃口しょうゆ、砂糖はきび砂糖かグラニュー糖、オリーブオイルはエクストラバージンオリーブオイルを使っています。
・塩はゲランドの塩を使用しています。
ほかの塩を使う場合は、味をみて塩分を調節してください。
・植物油はごま油(白)や米油、サラダ油など、香りのないものを使っています。
・レモンは国産のものを使っています。
・バターは有塩のものを使っています。

1

疲れた日によく作る私のとっておき10品

疲れた日、といってもいろいろな日があります。
とにかく気を使って心がへとへとな日は、大好きなものを。
体力を使った日は、がっつり元気の出るものを。
なんだか体調がすぐれない日は、おなかにやさしいものを。
さまざまな“疲れた日”に私がヘビロテで作っている
簡単でおいしいレシピを10品紹介します。

ブロッコリーと卵のホットサラダ
アンチョビマヨネーズソース

10 *minutes*

疲れているときって、野菜をゆでることさえしたくないですよね。
鍋にたっぷりお湯を沸かして、ざるに上げて……と
意外に時間がかかるし、洗いものも増えたりします。
そこで私がよく作るのがフライパン蒸しです。
材料を切ってぽいぽいとフライパンへ投入、水分を少し足してあげて、
あとはふたをして火にかければOK。ゆでるより栄養も残るはず！
野菜はキャベツやカリフラワーでもいいし、
卵を追加すればボリュームアップして、バランスのいいひと皿になります。
アンチョビマヨを合わせましたが、シンプルに塩、こしょうでも。
仕上げにピザ用チーズをふって溶かしたり、
ベーコンやハム、ソーセージを加えたりするのもおいしいですよ。

少ない水分で蒸し焼きにすることで、栄養を逃がさずキープ。
仕上がりが水っぽくなるのも防げます。

recipe

材料（2人分）
ブロッコリー … 1個
卵 … 2個
オリーブオイル、塩 … 各小さじ 1/2

［アンチョビマヨネーズ］
A アンチョビ（みじん切り）… 2枚
にんにく（すりおろす）… 1片
オリーブオイル … 小さじ 2
マヨネーズ … 大さじ 2
牛乳 … 大さじ 1と 1/2

1 蒸し焼きにする
ブロッコリーはよく洗い、小房に分けてフライパンに入れ、オリーブオイル、塩をふり、水 1/2 カップを加える。強火にかけ、煮立ったらふたをし、弱火で 3 ～ 4分蒸し焼きにする。

2 アンチョビマヨネーズを作る
ブロッコリーを蒸し焼きにしている間に、耐熱ボウルに**A**を入れ、電子レンジで 30秒ほど加熱する。マヨネーズ、牛乳を加えて混ぜる。

3 卵を加えて仕上げる
1の水分が残っていたら捨て、真ん中を空けて卵を割り入れる。再びふたをしてさらに卵に火が通るまで蒸し焼きにする。アンチョビマヨネーズを添える。

水でも十分おいしくできますよ。
鶏ガラスープで作れば
より濃厚に仕上がります。

豚しゃぶとレタスの ひらひらワンタンスープ

🕓 **5** *minutes*

ワンタンが大好き。
ワンタンのおいしさはあのつるんとした皮の口当たりにあると思うのです。
小さいころよく連れて行ってもらっていたお店の味が今も忘れられず、
お店のメニューにあるとつい頼んでしまいます。
でも家で作るとなると、たねを準備して、包んで……と、くたびれているときはムリ。
ということで、具だくさんのスープに、皮をそのまんまひらひらと入れちゃいました。
合わせる食材も火通りのよいしゃぶしゃぶ用肉やレタスをチョイスすれば、
あっという間に完成します。薄切りにした白身魚やえびなどでもいいですね。
梅干しとナンプラーでだしいらず。
やさしい味わいで、おなかもほっと落ち着くお気に入りのレシピです。

recipe

材料（2人分）
豚バラしゃぶしゃぶ用肉 … 80 g
レタス … 1/4個
ワンタンの皮 … 10枚
梅干し（塩分 15%）… 1個
ナンプラー … 小さじ 2
ごま油 … 小さじ 1/2
粗びき黒こしょう … 少々
香菜（刻む）… 適量

1 下ごしらえをする
豚肉は 3 ～ 4cm 長さに切る。レタスはひと口大にちぎる。

2 煮る
鍋に水 2 カップ、ナンプラーを入れ、梅干しを軽くつぶして加え、煮立てる。中火にし、豚肉を 1 枚ずつ加え、色が変わったらアクを取り、レタス、ワンタンの皮を 1 枚ずつ加える。

3 仕上げる
レタスがしんなりしたらごま油を加える。器に盛って粗びき黒こしょうをふり、香菜をのせる。

サーモンと紫キャベツの
バタービネガー蒸し

20 *minutes*

紫キャベツの色って、本当にきれいだなって思います。
普通のキャベツよりかたいので加熱時間は長めだけど、調味料をふって
蒸し焼きにするだけだから簡単。ビネガーのおかげで色鮮やかに仕上がるし、
軽い酸味のザワークラウト風になって、脂ののったサーモンと好相性。
色からも元気をもらえる気がします。
もちろん、普通のキャベツで作ってもおいしくできますよ。
そのときは蒸し焼きにする時間は２分くらいなので、本当にあっという間に作れます。
仕上げにしょうゆを少しふりました。ごはんにもよく合います。

recipe

材料（２人分）
サーモン … 2切れ（240 g）
紫キャベツ … 220 g
塩 … 適量
オリーブオイル … 少々
白ワインビネガー、白ワイン … 各大さじ 2
バター … 10 g
しょうゆ、粗びき黒こしょう … 各少々
レモン、ディル（あれば）… 各適量

1 下ごしらえをする
サーモンに白ワイン（分量外）、塩各少々をふって10分ほどおく。紫キャベツはせん切りにする。

2 蒸し焼きにする
フライパンにオリーブオイルを中火で熱して紫キャベツを入れ、塩少々、白ワインビネガー、水1/4 カップを加えてひと混ぜする。ふたをして弱火にし、10分ほど蒸し焼きにしてさっと混ぜる。

3 サーモンを加えて仕上げる
サーモンの水けをふいて塩小さじ 1/3をふり、**2**の紫キャベツの上にのせる。白ワインと、バターをちぎって加え、さらに５～6分蒸し焼きにする。器に盛り、サーモンにしょうゆ、粗びき黒こしょうをふって、ディルをのせる。レモンを添える。

さば缶の韓国風スープ

10 *minutes*

さばの水煮缶を常備しているという人、多いのではないでしょうか。
ストックしておくとなにかと便利です。
うまみが溶け出た缶汁も使えば、だし汁なしでもおいしいスープができます。
意外にいろいろな食材に合わせやすいのが、さば缶のいいところ。
ここでは大根を合わせましたが、かぶやれんこん、にんじんでもいいし、
もっと時間のないときは、火の通りの早いにらやもやし、
きのこを合わせればさらに時短になります。
仕上げに白すりごまやごま油をふれば、よりコクのある一杯に。
食べごたえも栄養価も二重丸。これにごはんがあれば、今夜はもう大満足です。

材料を鍋に入れてことことと
煮るだけ。しょうゆの量は
味をみながら調整してください。

recipe

材料（2～3人分）
さば水煮缶 … 1缶（190 g）
大根 … 80 g
木綿豆腐 … 1/2丁（150 g）
A
- にんにく（すりおろす）… 1片
- しょうが（みじん切り）… 1片
- 長ねぎ（粗みじん切り）… 1/2本
- 水 … 550～600mℓ
- 酒 … 大さじ2
- しょうゆ … 大さじ1と1/2～大さじ2
- コチュジャン … 大さじ1と1/2

粗びき粉唐辛子 … 少々

1　下ごしらえをする
大根は薄いいちょう切りにする。豆腐はひと口大に切る。

2　煮る
鍋に**A**、大根、さばを缶汁ごと入れて煮立て、中火で7～8分、大根が透き通ってくるまで煮る。豆腐を加えてひと煮し、器に盛り、粗びき粉唐辛子をふる。

チーズのぜいたく茶碗蒸し

ほたて缶とカマンベールチーズ
鶏肉、しいたけとブルーチーズ

20 *minutes*

茶碗蒸しって、へとへとなときはむしろ作りたくない料理かもしれません。
でもあのなめらかな舌ざわりや温かさに癒やされたいのは疲れたとき。
私の茶碗蒸しはだし汁を使わない洋風仕立てです。だし汁いらずというだけで
グッとハードルが下がりませんか？　ポイントはチーズ。
茶碗蒸しにチーズ！ と驚かれることが多いのですが、うまみとコクがあるので、
だし汁代わりになるんです。鶏肉やきのこ、ほたて缶を合わせれば、さらにうまみアップ。
フランスの“フラン”よりもあっさり、和風の茶碗蒸しよりもこっくり。
たっぷり食べればおなか満足、小さな器で作れば前菜風に。
おもてなしのときにも重宝します。

recipe

材料（各2人分）

[ほたて缶とカマンベールチーズ]
ほたて貝柱水煮缶 … 1缶（65 g）
カマンベールチーズ（ちぎる）… 60 g
細ねぎ（小口切り）…少々
卵 … 2個
A｜ほたて缶の缶汁＋水 … 220mℓ
｜しょうゆ … 小さじ1/3

[鶏肉、しいたけとブルーチーズ]
鶏もも肉（小さめのひと口大に切る）… 30 g
しいたけ（軸を取って半分に切り薄切り）… 1枚
ブルーチーズ（ちぎる）… 30 g
卵 … 2個
A｜水 … 220mℓ
｜白ワイン … 小さじ1
｜塩…小さじ1/2

1　卵液を準備する
ボウルに卵を溶きほぐし、**A**を加えて混ぜ、ざるなどでこす。

2　蒸す
耐熱の器に具材を等分に入れ、**1**も等分に注ぐ。布巾を敷いたフライパンに並べ、縁から水を2～3cm高さに注ぎ、ふたをして煮立てる。弱めの中火にし、15分ほど蒸す。

蒸すのはいつものフライパンでOK。
あまり高さのない器を使ってください。
布巾を敷いておくと器が安定します。

くたくた小松菜と桜えびの
ワンパンパスタ

15 *minutes*

小松菜のガーリックオイル蒸しが好きなので、
そのおいしいオイルをパスタに合わせてみました。
別ゆでなし、フライパンひとつで仕上げるから、
パスタのハードルがグッと下がります。
たっぷりの小松菜で、パスタが少なめでも食べごたえがあるし、
くたくたに煮ているから食べやすさも抜群。
桜えびで彩りもよく、おいしく仕上がります。

recipe

材料（2人分）
小松菜 … 1束（250 g）
桜えび … 大さじ3
スパゲッティ … 120 g
にんにく（つぶす）… 1片
赤唐辛子（小口切り）… 少々
オリーブオイル … 大さじ2
塩 … 小さじ3/4

1 下ごしらえをする
小松菜は3cm長さに切る。

2 炒めてパスタを加える
フライパンにオリーブオイルとにんにく、赤唐辛子を入れて弱火にかけ、香りが立ったら小松菜、桜えびを入れて炒め、油がまわったらスパゲッティを半分に折って加える。水2と1/4カップ、塩を加えてスパゲッティをひたすように混ぜ、火を強める。

3 煮る
煮立ったらふたをして中火にし、表示のゆで時間の1分前にふたをはずし、軽く煮つめる。器に盛り、好みでオリーブオイル適量（分量外）をふる。

左：パスタはフライパンにおさまるように半分に折って加えます。
洗いものが少ないのもうれしい。
右：野菜はキャベツやブロッコリー、かぶなどに替えてもおいしく作れます。

刺身のごまだれ茶漬け

🕓 **10** *minutes*

さらさらと食べられるお茶漬けは、体が疲れているときにうってつけ。
そしてそのまま食べられる刺身も、何も作りたくない日は助かりますよね。
ここにほんの少しだけ手間をかければ、気持ちも満たされる大満足のごはんになります。
刺身はお好みのものでいいのですが、軽く“漬け”にしたり、
塩昆布をまぶすだけで、かなりグレードが上がります。
まずはそのまま食べて、残りをお茶漬けに、なんて食べ方もいいですね。
ごまだれはあっさりとしたお茶漬けにコクをプラスして、満足感をアップ。
このごまだれは、蒸し鶏や冷ややっこに合わせても
おいしいので、覚えておくと便利です。

recipe

材料（1人分）
まぐろ（またはたい・刺身用）… 100 g
しょうゆ … 小さじ 2
温かいごはん、煎茶 … 各適量
焼きのり、練りわさび、三つ葉（刻む）など
　… 各適量

[ごまだれ]
水 … 大さじ 1
白練りごま … 大さじ 1と 1/3
みりん、酒、しょうゆ、白すりごま
　… 各小さじ 2

1　ごまだれを作る
ごまだれのみりん、酒を耐熱ボウルに入れ、電子レンジで 20秒ほど加熱してアルコール分を飛ばす。残りの材料を加えて混ぜる。

2　仕上げる
まぐろは薄切りにしてしょうゆをまぶす（たいの場合はしょうゆの代わりに塩昆布ひとつまみをまぶす）。器にごはんを盛り、刺身をのせて **1**のごまだれをかける。好みの薬味をのせて煎茶をかける。

野菜たっぷり豆腐チヂミ

15 *minutes*

簡単に作れて、おなかいっぱいになって、
野菜がたっぷりとれるメニュー……と思ったときに、
すぐ思い浮かんだのが、チヂミ。手に入れやすい旬の野菜、
冷蔵庫にある野菜など、あまり水っぽくない野菜であれば、
大抵のものは受け止めてくれます。
かぼちゃやにんじん、玉ねぎなどの少し甘みがある野菜に、
長ねぎ、細ねぎ、セロリや香りのいいハーブ類などの葉ものを
プラスするのが好きです。生地に豆腐と粉チーズを加えるのが私流。
ふんわりもっちり、表面はカリッと焼き上がります。
豚薄切り肉や海鮮を加えても。食べごたえがアップします。

recipe

材料（2人分）
にんじん、玉ねぎ、せりなど好みの野菜
　… 合わせて 150 g
豆腐（木綿または絹ごし）… 1/2丁（150 g）
塩… 小さじ 1/3
片栗粉 … 大さじ 3
薄力粉 … 大さじ 1 と 1/2
粉チーズ…大さじ 1 と 1/2
ごま油 … 適量
白菜キムチ … 適量
A | しょうゆ … 大さじ 1
　| 酢 … 小さじ 1/2
　| 粉唐辛子 … 少々

1 生地を作る
野菜は 4 〜 5 cm 長さのせん切りか薄切りにする。ボウルに豆腐と塩を入れ、泡立て器でなめらかになるまで混ぜる。野菜を加えて粉類をふるい入れ、粉チーズを加えて混ぜる。

2 焼く
フライパンにごま油大さじ 2を弱めの中火で熱し、**1**を入れて広げる。こんがりするまで 4〜5 分焼いたらいったん皿に取り出し、ひっくり返してフライパンに戻し入れる。

3 仕上げる
縁からごま油大さじ 1を加え、カリッとするまで 4 〜 5 分焼く。食べやすく切って器に盛り、**A**を合わせたたれと白菜キムチを添える。

野菜はお好みのものでOKです。
葉野菜を 6 〜 7 割、
根菜を 3 〜 4 割入れると
ちょうどいいバランスに。

するめはできれば１時間ほど
水につけておくと
うまみがしっかり溶け出します。
時間がなければ、さらに細かく切って。

するめだしのセロリ鶏がゆ

🕓 **20** *minutes*（だしを作る時間は除く）

夫がするめ好きなもので、わが家には大抵するめがあります。
もちろんつまみとしてではありますが、
いつだったかぱらぱらとめくっていた雑誌で、
するめのだしでベトナムのフォーを作るレシピがあったのを思い出し、
私流に作ってみたのがこのひと品。なんともいえない深いうまみが出て、
体にじんわりとしみるような、やさしいおかゆになりました。
あっさりとした鶏胸肉でたんぱく質をプラスして、栄養もしっかりとれるように。
セロリはしゃくしゃくっとした食感がアクセントになるし、香りもいいのでぜひ。
この組み合わせ、おすすめです。

recipe

材料（2人分）
するめ（細切り）… 8 g
鶏胸肉 … 大 1/2枚（150 g）
セロリ … 1/3本
温かいごはん … 茶碗 1杯分（150 g）
A │ 酒、塩 … 各少々
塩 … 小さじ 1/3

1 するめだしを作る
鍋にするめを入れ、水 3 カップを注いで 15分以上おいてから煮立て、弱めの中火で 10分ほど煮る。

2 具材の下ごしらえをする
鶏肉はそぎ切りにし、包丁の背で断面を軽くたたいて**A**をふる。セロリは茎は薄切り、葉はざく切りにする。

3 煮る
1の鍋にごはんを加え、5 ～ 6分煮る。全体がにごってきたら鶏肉を加えて 1 ～ 2分煮る。セロリの茎を加えてさっと混ぜ、塩で味をととのえる。器に盛り、セロリの葉をのせる。

夜遅くに食べても胃もたれしないカレーがこちらです。
トマト缶とヨーグルトをベースに、スパイスや薬味野菜、ナッツを加え、
鶏肉と一緒に煮込んであっさりとしたカレーに仕立てました。
具材を炒めないから油をバッサリとカットできてグッとヘルシー。手間もかかりません。
そのぶん鶏肉は骨つき肉を使って、うまみたっぷりに仕上げましょう。ナッツのコクもマスト。
時間があるときなら、鶏肉にヨーグルトのベースをからめて30分ほどおいてから煮ると、
よりやわらかく仕上がりますよ。食べ心地はライトだけど、
ちゃんとスパイスカレーを食べた！という満足感はしっかり味わえます。

トマトとチキンの あっさりスパイスカレー

30 *minutes*

memo

- カシューナッツが入るとコクが出て、本格的な味になります。なければ仕上げのバターを大さじ 1に増やしてください。
- バターを生クリームに替えると、よりミルキーな味わいになります。
- 鶏肉は、鶏ももひき肉を使ってもOK。その場合は 10分ほど煮込めば出来上がります。短時間でもうまみが出ておすすめです

recipe

材料（2人分）

鶏手羽元… 4 〜 6本

A | プレーンヨーグルト（無糖）… 150 g
玉ねぎ（ざく切り）… 1個
カシューナッツ … 30 g
にんにく… 1片
しょうが … 1片
塩… 小さじ 1

B | カットトマト缶 … 1缶（400 g）
カレー粉 … 大さじ 1
粗びき黒こしょう、一味唐辛子 … 各少々

塩… 少々

バター … 大さじ 1/2

温かいごはん、香菜（刻む）… 各適量

1 下ごしらえをする

鍋に **A**を入れ、ハンドブレンダーでなめらかにする。水けを取った鶏肉を加えて混ぜ、5分ほどおく。

2 煮る

Bを加えて煮立て、ふたをして弱めの中火で 15 〜 20分煮る。鶏肉から出た脂が少し表面に浮いてきたら、塩、バターを加えて味をととのえ、ひと煮する。ごはんとともに器に盛り、香菜をのせる。

ヨーグルトのほどよい酸味で、
あっさりとした仕上がり。
鶏肉もやわらかく仕上がります。

column 1

うまみアップの便利食材

手間をかけずに、おいしい料理を簡単に作るためのお役立ち食材です。
彩りもプラスすれば、それだけでひと皿の完成度はよりアップします。

トマト

皮つきのまま使えて、生でもおいしいトマトはサラダに、スープにと重宝。皮と身の間にうまみが多く含まれます。

きのこ

うまみたっぷりのきのこを加えると、味に深みが出ます。食べやすく切って保存袋に入れ、冷凍も可。凍ったまま使えます。

ハーブ・薬味野菜

香りのよいハーブや薬味野菜は、トッピングするだけでも料理がランクアップ。彩りが足りないときにもおすすめ。

かんきつ類

酢の代わりにレモン、すだち、ゆずなどの酸味を使うと、ひと味違う仕上がりに。すりおろした皮もアクセントに。

にんにく

少量でも食欲をそそる香りをプラスしてくれます。栄養価が高く疲労回復効果があるので、疲れているときにおすすめ。

梅干し

塩けと酸味の調味料として重宝します。和食に限らず、オリーブオイルやナンプラーと合わせるなど、幅広く使えます。

アンチョビ

凝縮した魚のうまみとしっかりした塩けがあるので、塩代わりの調味料として使用。日持ちするので、常備しておくと便利。

チーズ

濃厚なうまみとコクがあり、食べごたえをアップ。クセのないカマンベールや個性的なゴルゴンゾーラなど、使い分けて。

漬けもの

刻んで調味料代わりに使うと色や食感のアクセントにもなって、一石二鳥。発酵パワーも取り入れることができます。

缶詰

調理の手間が省けるツナ缶やさばの水煮缶は、だし代わりにも。あえものやスープの具、サラダのトッピングに。

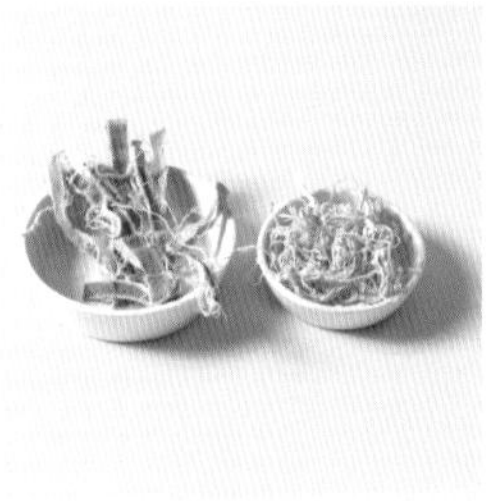

乾物

するめや桜えびはだし代わり。パスタやスープの具におすすめ。コンソメやめんつゆの単一的な味に変化をつける役割も。

紫食材

紫玉ねぎや紫キャベツなど、紫色の食材は料理を華やかに。気分も上がります。酢を合わせるとより色鮮やかに変化します。

2

ごはんによく合う
ひと皿で満足おかず

疲れて帰ってきたら、あれもこれもは作れない！
でも、おいしいひと皿があれば、おなかはもちろん、
心も満たされると思うのです。
ここでは、お肉と魚介を使ったメイン料理に、
野菜を組み合わせたレシピを紹介しています。
ごはんやパンを添えれば、ほかのおかずはなくても満足。

Chicken

チキンと野菜のクミンソテー ヨーグルトソース

作り方：p.34

皮目をカリッとするまでしっかりと焼いて、香ばしく。
エキゾチックなクミンの香りに、ヨーグルトのソースが合う！
鶏肉を豚肉やラム肉に替えてもおいしく作れます。

ささ身のチーズピカタ

作り方：p.35

あっさりとしたささ身は、カロリーオーバーの心配が少ない優秀食材。
チーズを加えた卵をからめて焼けば、食べごたえも出るし、
ふんわりしっとり焼き上がります。
野菜も一緒にソテーして、体の疲れを癒やすひと皿に。

チキンと野菜のクミンソテー ヨーグルトソース

20 *minutes*

recipe

材料（2人分）

鶏もも肉 … 大1枚（400 g）
かぼちゃ … 正味200 g
さやいんげん … 10～12本
にんにく（つぶす）… 1片
塩 … 適量
クミンシード … 小さじ2
オリーブオイル … 大さじ1
きび砂糖 … ひとつまみ

A
- プレーンヨーグルト（無糖）… 大さじ1
- にんにく（あれば・すりおろす）… 少々
- レモンの皮（すりおろす）… 少々
- オリーブオイル … 小さじ1
- 塩… ふたつまみ
- レモン汁 … 小さじ1/2

1 鶏肉を焼く

鶏肉は塩小さじ2/3とクミンシードをふる。フライパンに油をひかずに鶏肉を皮目を下にして入れ、中火にかける。アルミホイル、フライパンよりひとまわり小さめの鍋などを順にのせて重しをし、10分ほど焼く。上下を返し、重しはせずにさらに2～3分焼いて取り出し、食べやすく切って器に盛る。

2 かぼちゃを切る

鶏肉を焼いている間にかぼちゃをラップで包み、電子レンジで1分ほど加熱し、7mm厚さに切る。

3 野菜を焼く

1のフライパンにオリーブオイルを弱めの中火で熱し、にんにく、かぼちゃ、さやいんげんを入れる。塩小さじ1/4、きび砂糖をふり、さやいんげんがしんなりするまで5分ほど焼き、**1**の器に盛り合わせる。**A**を合わせたソースをかける。

鶏肉の皮がぴったりと
フライパンにくっつくように、
しっかり重しをして焼きます。

ささ身のチーズピカタ

15 *minutes*

recipe

材料（2人分）
鶏ささ身 … 4本（200 ～ 260 g）
ズッキーニ … 小1本
ルッコラ … 1束
卵 … 1個
粉チーズ … 大さじ1
塩、こしょう、オリーブオイル … 各適量
薄力粉 … 大さじ1
レモン（半分に切る）… 1/4個

1　下ごしらえをする
ズッキーニは1cm厚さの輪切りにする。ルッコラは4～5cm長さに切る。ささ身は包丁の背でたたいてから半分に切り、塩小さじ1/3、こしょう少々をふってポリ袋に入れる。薄力粉を加えてまぶし、溶きほぐした卵、粉チーズを加えてからめる。

2　ズッキーニを焼く
フライパンにオリーブオイル大さじ1と1/2を中火で熱してズッキーニを入れ、両面がこんがりするまで返しながら2～3分焼く。塩、こしょう各少々をふって取り出す。

3　鶏肉を焼く
2のフライパンにオリーブオイル大さじ1/2を足して中火で熱し、**1**の鶏肉を入れる。残った卵液は鶏肉にかける。こんがりしたら上下を返し、さらに1分ほど焼く。器にルッコラ、ズッキーニとともに盛り合わせ、レモンを添える。

ささ身に薄力粉と卵液を
からめるのはポリ袋でOK。
手を汚さずに済みます。

定番の甘みそ炒めも、バジルの香りをプラスすると、
はっとするおいしさに。
口の中でとろりとくずれるなすがたまりません。
バジルがなければ青じそでも。

鶏肉となすのバジルみそ炒め

15 *minutes*

recipe

材料（2人分）
鶏もも肉 … 1枚（350 g）
なす … 2本
植物油 … 適量
A | みそ、みりん … 各大さじ 1 と 1/2
きび砂糖 … 大さじ 1/2
水 … 大さじ 2
バジルの葉 … 3 〜 4枚

1 下ごしらえをする
なすは乱切りにし、塩少々（材料外）をふって 5分ほどおき、水けを取る。鶏肉はひと口大に切る。**A**は合わせておく。

2 豚肉となすを焼く
フライパンに油少々を中火で熱し、鶏肉を皮目を下にして入れて焼く。こんがりしたら上下を返して端に寄せ、油大さじ 1を加え、なすを入れて炒める。しんなりしたら**A**を加えて炒め合わせる。バジルをちぎり入れる。

ポン酢しょうゆを使った手軽な煮もの。
やわらかな酸味で、鶏肉がさっぱり食べられます。
先に焼きつけておくと香ばしく、
少ない調味料でも深い味わいのひと皿に。

鶏手羽と大根のポン酢煮込み

20 *minutes*

recipe

材料（2人分）
鶏手羽先 … 8本（250 g）
大根 … 200 g
ごま油 … 小さじ1
ポン酢しょうゆ … 70mℓ
みりん（好みで）… 小さじ1～2

1　下ごしらえをする
大根は小さめの乱切りにする。手羽先は先端をキッチンばさみで切り落とす。

2　炒める
フライパンにごま油を中火で熱し、手羽先の両面をさっと焼く。脂が出てきたら大根を加え、こんがりするまで炒める。

3　煮る
ポン酢しょうゆ、ひたひたの水を加え、落としぶたをして弱めの中火で10～12分ほど煮る。大根が透き通ったらみりんを加えて強火にし、とろみがつくまで煮つめる。

Pork

ポークソテー
和風ハニーマスタードソース

作り方：p.40

はちみつとマスタードの組み合わせは、甘辛で肉料理にぴったり。
しょうゆを加えることで、グッとごはんに合う味になります。
サンドイッチにしてもおいしいですよ。
つけ合わせのさつまいもにもこのソース、よく合います。

豚肉とあさりのポルトガル風蒸し煮

作り方：p.41

豚肉とあさり、2つのうまみににんにく×オリーブオイルの
パンチの効いたぜいたくな味わい。
ポルトガルの代表的な料理を、薄切り肉で時短アレンジしました。
汁も絶品なので、ごはんやパン、パスタにからめて
余すことなくいただきます。香菜とパプリカパウダーで、
より本場の味に。

ポークソテー
和風ハニーマスタードソース

20 *minutes*

recipe

材料（2人分）

豚ロースとんカツ用肉 … 2枚（280 g）
さつまいも … 200 g
にんにく（薄切り）… 1片
塩 … 小さじ1/4
こしょう … 少々
植物油 … 小さじ1/2
A｜しょうゆ … 大さじ1と1/2
｜粒マスタード … 大さじ1
｜はちみつ … 大さじ1
｜白ワイン … 1/4カップ
クレソン（ざく切り）… 1束

memo

・ソースを煮立てるとき、粒マスタードがはねやすいので注意してください。

1　さつまいもの下ごしらえをする

さつまいもはぬらしたペーパータオルで包み、さらにラップで包んで電子レンジで1分加熱する。200Wに切り替え、さらに5分加熱して粗熱を取り、皮つきのまま1cm厚さの輪切りにする。**A**は合わせておく。

2　肉の下ごしらえをする

豚肉は脂身の部分に赤身のところまで数カ所の切り込みを入れ、包丁の背で軽くたたく。塩、こしょうをふる。

3　焼く

フライパンに油を中火で熱して豚肉を入れ、2〜3分焼く。空いているところでにんにくを炒め、こんがりしたら取り出す。豚肉の上下を返してさらに2分ほど焼き、いったん取り出す。同じフライパンにさつまいもを入れ、両面がこんがりするまで焼いて取り出す。

4　仕上げる

3のフライパンに**A**を入れ、煮立ったら豚肉を戻し入れてからめる。取り出して食べやすく切り、**3**のさつまいも、クレソンとともに器に盛る。フライパンに残った**A**を軽く煮つめてかける。

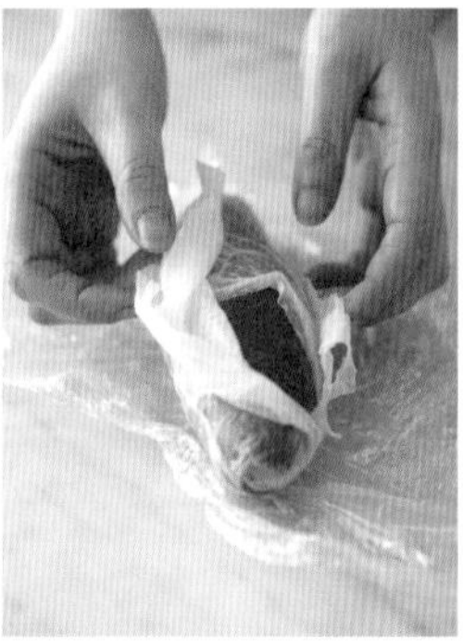

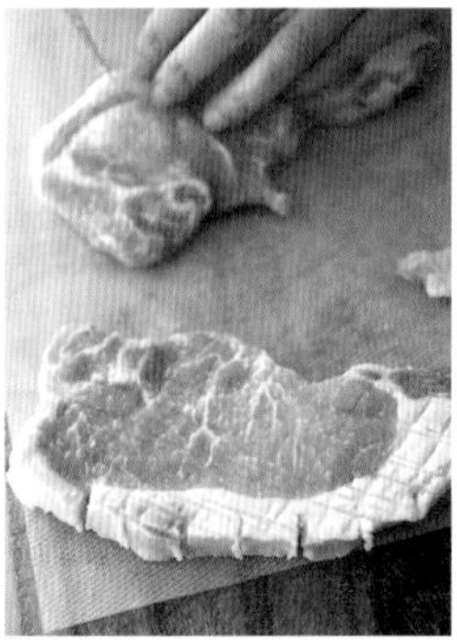

左：さつまいもはぬらしたペーパータオルで包んでから
　　レンジ加熱するとよりしっとり。
右：豚肉は筋切りをしておくことで
　　焼いたときにそり返らず、均一に焼けます。

豚肉とあさりの ポルトガル風蒸し煮

10 *minutes*

recipe

材料（2人分）
豚肩ロース（またはバラ）薄切り肉 … 250 g
あさり（殻つき・砂抜き済みのもの）… 250 g
にんにく（つぶす）… 1片
赤唐辛子（種を取る）… 1本
塩 … 小さじ 1/3
オリーブオイル … 小さじ 1
白ワイン … 1/2 カップ
香菜 … 1株
パプリカパウダー … 少々

1 下ごしらえをする
豚肉は3cm幅に切り、塩をまぶす。

2 蒸し煮にする
フライパンにオリーブオイルとにんにくを入れて中火で熱し、香りが出たら豚肉を加えて炒める。肉の色が変わったらあさり、赤唐辛子を加えて白ワインを注ぎ、ふたをしてあさりの口がすべて開くまで蒸し煮にする。器に盛り、香菜をちぎってちらし、パプリカパウダーをふる。

ポルトガル南部・アレンテージョ地方の
家庭料理をアレンジ。
ごはんにもよく合う味わいです。

梅干しが大好きで、そのまま食べるのはもちろん、料理にもいろいろ使います。
とくにこってりとした豚肉料理をさっぱり仕上げてくれる名脇役。
いつもの肉じゃがに加えたらちょっと新しい味わいに。
甘酸っぱい風味が疲れをやわらげてくれます。

梅肉じゃが

25 *minutes*

memo

- 仕上げにふたを取って、さっと煮つめても、ふたを取らず煮汁が多いままでも。私はつゆだくのまま、細い白滝を加えるのも好きです。

recipe

材料（2人分）

豚バラ薄切り肉 … 150 g
じゃがいも … 大2個
玉ねぎ … 1/2個
にんにく（薄切り・好みで）… 1片
植物油 … 小さじ1

A
梅干し（塩分15%・軽くつぶす）… 大1個
水 … 1と1/2カップ
酒 … 大さじ2
しょうゆ、みりん … 各大さじ1

1 下ごしらえをする

じゃがいもは皮をむいて乱切りにする。玉ねぎは縦に薄切りにする。豚肉は4cm幅に切る。

2 煮る

鍋に油を中火で熱し、豚肉、玉ねぎ、にんにくを入れて炒める。玉ねぎがしんなりしたらじゃがいもを加えてさらに炒め、透き通ってきたら**A**を加えて、強火で沸騰させアクを取る。ふたをして弱めの中火で15分ほど煮る。

豚肉ときのこのすだちナンプラー炒め

10 *minutes*

recipe

材料（2人分）

豚バラ（または肩ロース）薄切り肉 … 200 g
好みのきのこ（しめじ、まいたけなど）
　… 合わせて 300 g
にんにく（すりおろす）… 1/2片
赤唐辛子（小口切り）… 1本
植物油 … 小さじ1
ナンプラー、酒 … 各大さじ1
すだち（半分に切る）… 2個
粗びき黒こしょう … 少々

1　下ごしらえをする

豚肉は4cm幅に切る。きのこは食べやすくほぐす。

2　炒める

フライパンに油を中火で熱し、豚肉を炒める。色が変わったらきのこ、にんにく、赤唐辛子を加えてさらに炒め、しんなりしたらナンプラー、酒で調味する。器に盛り、すだちをしぼり、粗びき黒こしょうをふる。

ちょっとエスニックな炒めもの。
肉のうまみを吸ったきのこがまた格別です。個性的なナンプラーの風味も、
かんきつを合わせると、グッと食べやすくなります。
すだちがなければレモンなど、
季節のかんきつで作りましょう。

Beef

牛肉のさっと炒め トマトポン酢がけ

作り方：p.46

炒めた牛肉に、ジューシーなトマトをトッピング。
オイスターソースでコクを出したポン酢ベースのたれでいただきます。
みょうがや青じそなどの薬味野菜を合わせてもいいですね。
牛肉はさっとゆでても。
よりあっさりとしたヘルシーなひと皿になります。

牛焼き肉の玉ねぎりんごソース

作り方：p.47

さっと火が通る牛肉は、時間がないときの強い味方。
栄養も豊富だから、疲れも吹っ飛ぶ！
フルーティーなりんごを加えたしょうゆベースのソースは
牛肉はもちろん、焼いた野菜にもよく合う万能ソースです。
ここではししとうを使いましたが、ピーマンや玉ねぎ、ズッキーニ、
きのこなど、早めに火が通る野菜ならなんでもOKです。

牛肉のさっと炒め トマトポン酢がけ

10 *minutes*

recipe

材料（2人分）

牛ロースしゃぶしゃぶ用
（またはすき焼き用）肉 … 200 g
ミディトマト … 4 ～ 5個（250 ～ 300 g）
塩 … 小さじ 1/4
こしょう … 少々
植物油 … 少々
A ｜ポン酢しょうゆ … 大さじ 2
　｜オイスターソース … 小さじ 2
　｜ごま油 … 小さじ 1
スプラウト … 1/2 パック

1　下ごしらえをする
牛肉は大きければ食べやすく切って塩、こしょうをふる。トマトは 1.5cm 角に切り、**A**と合わせておく。

2　炒める
フライパンに油を中火で熱し、牛肉を炒める。色が変わったら器に盛り、トマトポン酢をかける。スプラウトをのせる。

arrange

・さっぱり味の中にもコクのあるポン酢だれとトマトをからめた牛肉を、好みの麺と合わせるのもおすすめ。冷たい麺にもよく合います。

牛焼き肉の 玉ねぎりんごソース

10 *minutes*

recipe

材料（2人分）

牛もも（またはバラ）焼き肉用肉 … 200 g
ししとう … 12本
塩 … 小さじ1/4
こしょう … 少々
植物油 … 少々
A 玉ねぎ … 1/4個
りんご … 80 g
にんにく … 1/2片
みりん … 大さじ2
しょうゆ … 大さじ1と1/2
粗びき黒こしょう … 少々

1 下ごしらえをする
Aはミキサーにかけてなめらかにする。牛肉は塩、こしょうをふる。

2 炒める
フライパンに油を中火で熱し、牛肉、ししとうを炒め、肉の色が変わったら器に盛る。

3 ソースを作る
2のフライパンにミキサーにかけた**A**を入れて中火で煮立て、色が濃くなってきたら水1カップを加え、とろりとするまで煮つめる。これを**2**にかけ、粗びき黒こしょうをふる。

memo

- 玉ねぎりんごソースはハンバーグにもよく合います。過熱前の状態で4～5日保存も可能。多めに作って保存びんに入れ、冷蔵庫へ。

ソースはひと煮立ちさせ、
こっくりとした色になり、
軽くとろみがついてきたらOK。

Minced meat

白い麻婆《マーボー》豆腐

作り方：p.50

辛みのきいた麻婆豆腐も好きだけど、
一日の疲れを癒やすには、おだやかな味わいのひと皿を。
ごはんにのせて、どんぶり仕立てにしても。
うまみたっぷりのきのこは、ぜひ加えてくださいね。

ひき肉ルーローハン

作り方：p.51

日本でもすっかりおなじみになった台湾料理、ルーローハン。
台湾の屋台で食べたあの味を、ひき肉でアレンジしてみました。
長ねぎと玉ねぎをたっぷり入れて、野菜の甘みを生かします。
八角を入れると一気に台湾らしい味わいになるので、ぜひ。

白い麻婆豆腐

15 *minutes*

recipe

材料（2人分）

豆腐（木綿または絹ごし）…大1丁（350 g）
鶏ひき肉 … 100 g
しいたけ … 4枚
A｜しょうが（みじん切り）… 1片
｜長ねぎ（粗みじん切り）… 1/3本
ごま油 … 大さじ1
B｜水 … 1カップ
｜酒 … 大さじ1
｜鶏ガラスープの素 … 小さじ2/3
｜塩 … 小さじ1/2
片栗粉 … 大さじ1/2
粉山椒、ごま油…各小さじ1

1　下ごしらえをする
豆腐は2cm角に切る。しいたけは軸を取って薄切りにする。フライパンに湯を沸かし、豆腐をさっとゆでてざるに上げる。

2　炒めて煮る
1のフライパンをさっとふいてごま油を中火で熱し、ひき肉、しいたけ、**A**を加えて炒める。ひき肉の色が変わったら**1**の豆腐を入れ、**B**を加えてひと煮立ちさせる。

3　とろみをつける
片栗粉を倍量の水で溶いて加え、とろみをつける。器に盛り、粉山椒をふり、ごま油をかける。

memo

・**B**の水、鶏ガラスープの素を簡単鶏スープ（p.78）にすると、よりおいしく作れます。

豆腐はさっとゆでておくと
余分な水がきれるし、
ほどよく温まって加熱時間の短縮にも。

ひき肉ルーローハン

15 *minutes*

recipe

材料（2人分）

豚ひき肉（あれば粗びき）… 200 g
小松菜 … 1束（250 g）
A 長ねぎ（粗みじん切り）… 2本
玉ねぎ（みじん切り）… 1/2個
にんにく（薄切り）… 1片
ごま油 … 小さじ2
塩 … 少々
B 紹興酒（または酒）… 大さじ2と1/2
しょうゆ … 大さじ2
オイスターソース … 大さじ1と1/2
八角 … 1個
温かいごはん … 適量

1 小松菜を炒める

小松菜は3cm長さに切る。フライパンにごま油を中火で熱し、小松菜をさっと炒める。しんなりしたら塩をふって取り出す。

2 ひき肉を炒める

1のフライパンにひき肉を入れ、強めの中火で焼きつけるように軽く押しつけながら、こんがりするまで焼く。ざっくりとほぐして**A**を加え、玉ねぎが透き通ってくるまで炒める。

3 煮る

Bを加えて2～3分炒めてからオイスターソース、八角を加え、軽く煮つめる。器に盛ったごはんにのせ、**1**を添える。

ひき肉はしっかりと
焼き色をつけるように焼いて、
香ばしさをアップ。

牛ひき肉のステーキ風
しょうゆバルサミコソース

20 *minutes*

recipe

材料（2人分）

牛ひき肉 … 300 g
れんこん … 50 g
まいたけ … 1パック
にんにく（薄切り）… 1/2片
塩、こしょう … 各少々
バター … 適量
バルサミコ酢…大さじ3
A | 水 … 1/4カップ
しょうゆ、トマトケチャップ … 各大さじ1
こしょう … 少々

1 下ごしらえをする

ひき肉は2等分してラップで包み、手で押さえて平たいだ円形に成形し、塩、こしょうをふる。れんこんは2〜3mm厚さの輪切りにし、まいたけは食べやすくほぐす。

2 肉だねを焼く

フライパンに**1**のひき肉を入れて中火にかけ、2〜3分焼く。こんがりしたら上下を返し、中火で1〜2分焼いて器に盛り、冷めないようにアルミホイルをかぶせておく。

3 野菜を炒めて仕上げる

2のフライパンにバター大さじ1/2を溶かし、にんにく、れんこん、まいたけを入れて炒める。まいたけがしんなりしたら**2**の器に盛り合わせる。フライパンにバルサミコ酢を入れ、煮立ったら**A**を加えてとろみがつくまで煮つめ、バター大さじ1/2を加えて溶かし、ひき肉にかける。

memo

- 焼きすぎると肉がボソボソになるので注意。
- バルサミコ酢は、製品によって味が大きく変わります。おすすめは、5年以上熟成されたもの。それ以下なら、少し酸味が強いので、トマトケチャップ、バターの分量を増やすか、砂糖を少し加えても。

ひき肉をそのまま焼いて、食べごたえのあるステーキ風にしたもの。
学生時代に見た、イタリア料理の本のレシピで、くり返しずっと作っています。
バルサミコ酢のソースはうまみと酸味、甘みがほどよく、さっと煮つめるだけでも、
手の込んだソースのような味わいになります。
もちろん、牛もも肉や豚ロース肉のソテーにも好相性。
つけ合わせはあるものでOKですが、
ここでは食感のアクセントになるれんこんを合わせてみました。

クリームチーズをベシャメルソース代わりに使うから簡単。
かぼちゃはレンジ加熱でもほっくり甘く仕上がるので、手軽に作れてうれしい！
ひき肉ときのこから出た、うまみたっぷりの汁けをかぼちゃが受け止めて、しっとり。
チーズのほのかな酸味で甘すぎないおかずになります。
ひき肉にカレー粉やハーブを加えてもおいしい。

ひき肉とかぼちゃの
クリームチーズグラタン

20 *minutes*

recipe

材料（2人分）

合いびき肉 … 80 g
かぼちゃ … 正味 250 g
マッシュルーム… … 1 パック（100 g）
クリームチーズ … 120 g
牛乳 … 大さじ 1

A
にんにく（すりおろす）… 少々
トマトケチャップ … 小さじ 1
塩 … 小さじ 1/3
こしょう、ナツメグ … 各少々

1 下ごしらえをする

耐熱ボウルにクリームチーズと牛乳を入れて混ぜ、電子レンジで 30秒ほど加熱し、よく混ぜる。かぼちゃはラップで包み、電子レンジで 2分ほど加熱する。ところどころ皮をむき、2cm 角に切る。マッシュルームは縦に 3等分に切る。

2 電子レンジで加熱する

耐熱の器にひき肉と **A**を入れて混ぜ、広げる。マッシュルーム、かぼちゃの順にのせ、ふんわりとラップをかけて電子レンジで 5分ほど加熱する。全体をさっと混ぜる。

3 オーブントースターで焼く

1のクリームチーズを全体に広げ、オーブントースターで 7 ～ 8分、チーズに焦げ目がつくまで焼く。

左：かぼちゃはあらかじめレンジ加熱して、焼き時間を短縮。
右：クリームチーズと牛乳を混ぜて広げ、ソース代わりに。

豆腐を加えたナゲットは、ふんわり、あっさり。
みょうがのすっとする香りとよく合います。
肉だねをポリ袋で作れば、洗いものも少なくてラクチン！

memo

- そのままでもおいしいけれど、ケチャップと山椒を添えるのがお気に入りです。
- ピーマンを長ねぎやグリーンアスパラガスなど好みの野菜に替えても。

たっぷりみょうがの豆腐ナゲット

15 *minutes*

recipe

材料（2人分）

鶏（もも）ひき肉 … 150 g
みょうが … 1パック（3個）
ピーマン … 4個
木綿豆腐 … 80 g
A｜片栗粉 … 大さじ1と1/2
　｜塩 … 小さじ1/3
　｜にんにく（すりおろす）、こしょう … 各少々
植物油 … 大さじ1と1/2
トマトケチャップ、粉山椒 … 各適量

1　野菜の下ごしらえをする
みょうがは粗みじん切りにする。ピーマンはへたと種を取って、縦4等分に切る。

2　肉だねを作る
ポリ袋にひき肉、豆腐、**A**を入れてざっともみ混ぜ、みょうがを加えてさらに混ぜる。

3　焼く
冷たいフライパンにスプーンなどで**2**を4cm長さくらいのだ円形に落とし、油をまわしかけて中火にかける。パチパチと音がしてきたら、空いているところにピーマンを加えて炒める。つくねがカリッとしたら上下を返し、1分ほど焼く。器に盛り、トマトケチャップ、粉山椒を添える。

納豆とひき肉のレタス包み

🕓 **10** *minutes*

recipe

材料（2人分）
豚ひき肉 … 150 g
納豆 … 2パック（100 g）
レタス … 3～4枚
にんにく（みじん切り）… 1片
ごま油 … 小さじ1
A ｜ 酒 … 大さじ1
｜ ナンプラー … 小さじ2
こしょう … 少々

1 **炒める**
フライパンにごま油を中火で熱し、ひき肉とにんにくを炒める。ひき肉の色が変わったら**A**を加えてひと炒めし、納豆を加えて混ぜ、火を止めてこしょうをふる。器に盛り、半分にちぎったレタスを添える。

コクとうまみのある納豆は、少し味を加えるだけで満足のおいしさに。
ごはんと一緒に、レタスでくるりと巻いてどうぞ。

Seafood

サーモンの南蛮風ソテー しば漬けタルタル添え

作り方：p.60

しば漬けをタルタルソースに？　これがとってもよく合う！
カリッとこんがり焼いたサーモンに少し酸味をきかせたたれをからませて、
タルタルをたっぷりのせれば、食べごたえのあるひと皿になります。

ほたてとかぶのゆずこしょうクリームソース ガーリック菜めし添え

作り方：p.61

ほたてはさっと焼くくらいで、火を通しすぎないのが
ふっくらやわらかに仕上げるポイント。
先にかぶを炒めてから加えます。ゆずこしょうが味の引き締め役。
かぶの葉は菜めしにすれば、むだなく使えるし、なによりおいしい！

サーモンの南蛮風ソテー しば漬けタルタル添え

15 *minutes*

recipe

材料（2人分）
サーモン … 2切れ（240 g）
塩 … 小さじ 1/3
こしょう … 適量
片栗粉 … 大さじ 1
植物油 … 大さじ 1/2
レタス…適量

［ 南蛮だれ ］
しょうゆ、酢 …各 大さじ 1

［ しば漬けタルタル ］
ゆで卵（みじん切り）… 1個
しば漬け（みじん切り）… 大さじ 1
マヨネーズ … 大さじ 2

1 下ごしらえをする
サーモンは 3 等分に切って塩をふり、5分ほどおいて水けをふく。こしょう少々をふり、片栗粉を薄くまぶす。南蛮だれとしば漬けタルタルの材料はそれぞれ混ぜる。

2 焼く
フライパンに油を中火で熱し、サーモンの皮目を下にして入れ、こんがりするまで焼く。上下を返しながら 3分ほど焼いて取り出し、南蛮だれをからめる。ちぎったレタスとともに器に盛り、こしょう少々をふり、しば漬けタルタルをのせる。

memo
・気力があるときはタルタルにみじん切りの玉ねぎ大さじ 1をプラスしましょう。

片栗粉をまぶして焼くと
カリッと焼き上がるし、
たれもよくからみます。

ほたてとかぶの ゆずこしょうクリームソース ガーリック菜めし添え

🕓 **15** *minutes*

recipe

材料（2人分）

ほたて貝柱 … 150 g
かぶ … 2 ～ 3個（200 ～ 300 g）
塩 … 少々
オリーブオイル … 小さじ 1
白ワイン … 大さじ 2
A ｜ 生クリーム … 120mℓ
　 ｜ ゆずこしょう … 小さじ 1/3

1 **下ごしらえをする**
ほたて貝柱は塩をふって 10分ほどおき、水けをふく。かぶは皮つきのまま 6 ～ 8つ割りにする。

2 **炒めて仕上げる**
フライパンにオリーブオイルを中火で熱し、かぶを炒める。焼き色がついたらほたてを加え、さっと炒め合わせて、白ワインをふる。煮立ったら **A** を加えてなじませ、とろみがつくまで煮つめる。

ほたては火を通しすぎないように、
かぶに焼き色がついてから加え、さっと炒める程度に。

memo **ガーリック菜めし**（2人分）

・かぶの葉 2個分はラップで包み、電子レンジで 1分 30秒ほど加熱し、冷水に取る。水けをしぼり、塩小さじ 1/2をふって細かく刻み、さらに水けをしぼる。温かいごはん茶碗 2杯分に、かぶの葉、バター小さじ 1、にんにくのすりおろし少々を混ぜる。

シンプルなたらのムニエルに、アンチョビバターでしっかりと味つけをした
春菊を炒めて添えました。春菊は蒸し焼きにしてくたくたに。
ソースのように一緒に食べてください。

たらのムニエル くたくた春菊添え

🕓 **20** *minutes*

recipe

材料（2人分）
真だら … 2切れ（240 g）
春菊 … 1束（200 g）
塩 … 小さじ1/2
白ワイン … 適量
こしょう … 少々
薄力粉 … 大さじ2
バター … 適量
アンチョビ … 10 g

memo

・たらはたいやすずきなどに替えてもおいしく作れます。

1 下ごしらえをする
たらは塩をふって10分ほどおき、水けをふいて白ワイン小さじ1、こしょうをふり、薄力粉を薄くまぶす。春菊は3～4cm長さに切る。

2 たらを焼く
フライパンにバター小さじ2を中火で熱し、たらを入れ、両面をこんがりするまで焼いていったん取り出す。

3 春菊を炒める
2のフライパンにバター小さじ2、アンチョビを入れて中火で熱し、春菊を加えて炒める。白ワイン大さじ2をふってふたをし、2～3分蒸し焼きにする。器に盛り、**2**のたらをのせる。

ささっとできて、おいしい。何もしたくない日は、この組み合わせ、おすすめです。
アボカドの代わりに、卵黄をのせても。学生時代から本当によく作っています。
ごま油を加えることで香りよく、食べやすさがアップ。

刺身とアボカドのキムチあえ丼

5 *minutes*

recipe

材料（2人分）
まぐろ、サーモン（刺身用）… 合わせて 100 g
アボカド … 1/2個
白菜キムチ … 70 g
A しょうゆ … 大さじ1
ごま油 … 小さじ1
白すりごま … 小さじ 1/3
温かいごはん … 茶碗 2杯分
細ねぎ（小口切り）… 1本
青じそ（せん切り）… 2～3枚

1 下ごしらえをする
まぐろ、サーモン、アボカドは 2cm角に切る。白菜キムチは食べやすく刻む。

2 あえる
ボウルに **1**を入れ、**A**を加えてあえる。器に盛ったごはんにのせ、細ねぎをちらし、青じそをのせる。

memo
・青じそが味のアクセントになるので、お忘れなく。

column 2

味を底上げする便利調味料

味つけのベースに便利なものや、少し足すだけで
味わい深くなる調味料を覚えると、料理の幅が広がります。

ゲランドの塩

伝統的な製法で作られるフランスの天日海塩。天然のミネラルを含み、塩味はおだやか。うまみを感じられる塩です。

ごま油

仕上げに加えれば、コクと香ばしさで料理がランクアップ。炒め油としてだけでなく、うまみと香りの調味料に。

バルサミコ酢

甘酸っぱさと芳醇な香りが特徴のイタリアの熟成酢。軽く煮つめるとより濃厚に。ドレッシングや肉料理のソースに。

スパイス

粉山椒やカレー粉、クミンなどは、ひとふりで目先が変わる便利なアイテム。まずはこしょう代わりに試してみて。

生クリーム

クリーム煮やソテーのソースに。煮つめると自然なとろみが出ます。この本では乳脂肪分 35％前後のものを使用。

ココナッツミルク

エスニック風の味わいが簡単に。よく混ぜてから使います。酸化防止剤不使用のものがおすすめ。

ナンプラー

タイの魚醤。魚のうまみとしっかりした塩けで、アジア料理以外にもだし代わりに幅広く使えます。しょうゆで代用も可。

オイスターソース

かきの濃いうまみとほどよい甘み、塩けがある中華風調味料。炒めものの味つけに、スープのベースにと重宝します。

ゆずこしょう

青ゆずと青唐辛子から作られ、和のアクセントとして使われますが、エスニック料理にも好相性。クリーム系料理にも。

3

野菜がたっぷりとれる サラダとスープ

なんだか重いものは食べたくないな、
そんな日は野菜が多めの癒やしの食卓に。
サラダにはチキンやツナなどを加えて、
しっかりと栄養もとれるようにしました。
スープは短時間で作っても、素材のうまみが出るように
工夫をしたレシピです。

Salad

和風仕立てのキャロットラペ。
ツナを加えて少し加熱すると、おかず感が増して、ペロリと食べられます。
三つ葉が彩りと香りのアクセントに。華やかな色合いは食欲をそそります。

鶏胸肉はしっとりと仕上がる、お気に入りの電子レンジレシピで。
時間があるときは、レンチンチキンをドレッシングに漬けておけば
さらにしっとり。サンドイッチにしてもおいしい。

にんじんとツナのごまあえサラダ

10 *minutes*

recipe

材料（2人分）
にんじん … 小2本（200 g）
ツナ缶（油漬け）… 小1缶
三つ葉 … 1束
A | 白すりごま … 大さじ1
しょうゆ … 大さじ1/2
酢、ごま油 … 各小さじ2

1 下ごしらえをする
にんじんはスライサーでせん切りにする。三つ葉は2cm長さに切る。

2 混ぜる
耐熱ボウルに、にんじんとツナを油ごと入れてひと混ぜし、ふんわりとラップをかけて電子レンジで2分ほど加熱する。**A**、三つ葉の順に加えて混ぜる。

レンチンチキンとりんご、マッシュルームのサラダ

15 *minutes*

recipe

材料（2人分）
鶏胸肉 … 1枚（200 g）
りんご … 1/2個
マッシュルーム … 50 g
クレソン … 30 g
レモン汁 … 少々
A | プレーンヨーグルト（無糖）、白ワイン、
水 … 各大さじ1
塩 … 小さじ1/3
砂糖 … ひとつまみ

[ヨーグルトドレッシング]
プレーンヨーグルト（無糖）… 大さじ3
オリーブオイル … 大さじ1と1/2
塩 … 小さじ1/4

1 鶏肉をレンジ加熱する
耐熱皿に鶏肉をのせて混ぜた**A**をからめ、全体にフォークを刺して穴をあけ、5〜10分おく。ふんわりとラップをかけ、電子レンジで2分30秒加熱し、そのまま冷ます。ひと口大に切る。

2 仕上げる
りんごは皮つきのままひと口大に切る。マッシュルームは薄切りにして、レモン汁をまぶす。クレソンはざく切りにする。器に**1**とともに盛り合わせ、ヨーグルトドレッシングの材料を合わせてかける。

豆腐マヨネーズのあっさりポテトサラダ

15 *minutes*

recipe

材料（2人分）
じゃがいも … 2個（250 g）
ゆで卵 … 1個
絹ごし豆腐 … 1/2丁（150 g）
A | オリーブオイル … 大さじ1と1/2
粒マスタード … 小さじ2
塩 … 小さじ1/2
酢、塩、マヨネーズ（各好みで）… 各適量

1 豆腐と調味料を混ぜる
豆腐はペーパータオルで押さえて水けを取り、ボウルに入れ、**A**を加えて泡立て器で混ぜてなめらかにする。ゆで卵は殻をむいてざく切りにする。

2 じゃがいもを加熱し、仕上げる
じゃがいもは洗った水けがついたまま1個ずつラップで包み、電子レンジで3〜4分、竹串がすっと通るようになるまで加熱する。皮をむいて**1**のボウルに加え、好みの加減につぶし、ゆで卵を加えて混ぜる。酢、塩、マヨネーズを加えて味をととのえる。

鶏ささ身となすの油淋鶏《ユーリンチー》風サラダ

15 *minutes*

recipe

材料（2人分）
鶏ささ身 … 2本（100 g）
なす … 3本
水菜 … 60 g
A | 酒、水 … 各大さじ1/2
砂糖 … ひとつまみ
塩 … 少々
植物油 … 大さじ3〜4

［たれ］
長ねぎ（みじん切り）… 10cm
しょうが（みじん切り）… 1/2片
しょうゆ … 大さじ1と1/3
水 … 大さじ1
酢 … 小さじ2
ごま油 … 小さじ1
豆板醤《トウバンジャン》（またはラー油）… 小さじ1/2
きび砂糖 … 小さじ1/4

1 鶏肉をレンジ加熱する
鶏肉は全体にフォークを刺して穴をあけ、耐熱ボウルに入れて**A**をからめ、5分ほどおく。ふんわりとラップをかけて電子レンジで1分30秒ほど加熱し、そのまま冷ます。

2 なすを焼く
なすは7〜8mm厚さの輪切りにして塩少々（分量外）をふり、5分ほどおいて水けを取る。フライパンに油を中火で熱し、なすを入れ、両面がこんがりするまで揚げ焼きにする。

3 仕上げる
水菜は3〜4cm長さに切る。**2**、食べやすくさいた**1**とともに器に盛り合わせ、たれの材料を合わせてかける。

豆腐にオリーブオイルを加えるとコクのあるディップに。
ゆで卵を混ぜると、マヨネーズ風の味わいになります。
刻んだしば漬けや季節のハーブを入れても。
ほんの少しのマヨネーズをプラスしてもおいしいです。

揚げ焼きにしたなすが香味野菜たっぷりの甘酢だれを吸って
鶏肉を揚げなくても十分満足感のある一品に。ゆでた豚薄切り肉もよく合います。
なすは塩をふって水けを取っておくと、アクが取れて、油を吸いにくくなります。

揚げじゃことアボカドののりサラダ

10 *minutes*

recipe

材料（2人分）
レタス … 80 g
アボカド … 1個（150 g）
ちりめんじゃこ … 大さじ3
焼きのり … 全形1/2枚
植物油 … 大さじ2
A ｜ しょうゆ、ごま油 … 各小さじ2

memo

・レタスは水洗いして水けをきったら、ペーパータオルで包んで冷蔵庫でしっかり冷やすと、パリッとして歯切れがよくなります。

1 じゃこを炒める
フライパンに油を中火で熱し、ちりめんじゃこをカリッとするまで炒め、ペーパータオルに取り出して油をきる。

2 仕上げる
レタスはひと口大にちぎり、アボカドはひと口大に切る。器に盛り、**1**をのせ、**A**を合わせてかける。のりをちぎってちらす。

お刺身の彩りサラダ かんきつ風味

10 *minutes*

recipe

材料（2人分）
白身魚（たいなど・刺身用）… 60 g
ミディトマト … 3個
きゅうり … 1本
刺身のつま … 60 g
赤じそふりかけ … 小さじ1強（3 g）
塩 … 少々
A ｜ しょうゆ、オリーブオイル … 各大さじ1
｜ すだちのしぼり汁（またはレモン汁）
｜ … 小さじ1
ピーナッツ … 少々
青じそ … 2～3枚

1 下ごしらえをする
刺身は薄切りにして塩をふり、5分ほどおいてからペーパータオルで水けを取る。ボウルに刺身のつまと赤じそふりかけを入れて混ぜ、5分ほどおいて汁けをきる。トマトは7～8mm厚さの輪切り、きゅうりは薄い小口切りにする。ピーナッツは粗く刻む。

2 仕上げる
別のボウルに**A**を合わせ、刺身を加えてあえる。器に**1**の野菜とともに彩りよく盛り合わせ、ピーナッツと、青じそをちぎってちらす。ボウルに残った**A**をかける。

レタスがたっぷり食べられる、私の定番サラダ。
レタスは春菊に、じゃこはワンタンの皮を少量の油で
揚げ焼きにしたものに替えても楽しめます。
仕上げにすだちなどをきゅっとしぼれば、また違ったおいしさに。

パックの刺身も、ひと手間かけると
こんなに華やかなひと皿に。
残りがちなつまも少し味つけをするだけで有効活用できます。
かんきつをきかせた味つけに、箸が進みます。

Soup

トマトは丸ごと煮ると、皮と身の間に
詰まったうまみがしっかり溶け出します。
豆を加えて食べごたえを出しましょう。
フレッシュなトマトの風味で缶詰の豆の独特のくせも気になりません。

あっさり塩味に、ごま油の香りが広がる中華の名品・里いものねぎ炒めと
ベトナムで味わった山いもスープ。大好きな2品をイメージして考えたレシピです。
レンジで加熱した里いもを、軽くつぶしてとろりとした舌ざわりに。
胃がほっとするやさしいスープです。

丸ごとトマトと豆のスープ

15 *minutes*

recipe

材料（2人分）
ミディトマト … 2個
白いんげん豆（水煮・水けをきる）… 240 g
ベーコン … 2枚
にんにく（つぶす）… 1片
オリーブオイル … 小さじ 1
塩 … 小さじ 1/2
こしょう … 少々
イタリアンパセリ … 少々
パルミジャーノチーズのすりおろし …
　小さじ 2 〜 3

1 下ごしらえをする
ベーコンは1cm幅に切る。トマトはへたと反対側に十字の切り込みを入れる。

2 炒めて煮る
鍋にオリーブオイル、にんにく、ベーコンを入れて中火で熱し、ベーコンから脂が出てくるまで炒める。白いんげん豆、水 3 カップを加えて煮立て、トマトを加えて弱火で 10分ほど煮る。

3 仕上げる
トマトの皮を除き、塩、こしょうで味をととのえる。器に盛り、イタリアンパセリをのせ、チーズをふる。

里いもと鶏ひき肉のねぎ塩スープ

25 *minutes*

recipe

材料（2人分）
里いも … 3 〜 4個（200 g）
鶏ひき肉 … 100 g
長ねぎ（みじん切り）… 1本
ごま油、塩、こしょう … 各適量
簡単鶏スープ（p.78・または水）… 3 カップ
酒 … 大さじ 1

memo

- 里いもは切り込みを入れておくことで、皮がむきやすくなります。

1 里いもをレンジ加熱する
里いもは洗った水けがついたまま、包丁で横にぐるりと切り込みを入れる。耐熱皿にのせてふんわりとラップをかけ、電子レンジで 4 〜 5分加熱する。皮をむいて 3cm角に切る。

2 炒める
鍋にごま油大さじ 1/2を熱してひき肉、長ねぎを入れて塩少々をふり、長ねぎがしんなりするまで炒める。酒、里いもを加えてさらに炒め、油がまわったら、木べらで里いもを軽くつぶす。

3 煮る
鶏スープを注ぎ、全体が白くにごってくるまで弱火で 10 〜 15分煮る。塩小さじ 1/2、こしょう少々で調味し、ごま油大さじ 1/2を加えて器に盛り、こしょう少々をふる。

鶏肉とじゃがいもの韓国風スープ

30 *minutes*

recipe

材料（2人分）
鶏骨つきぶつ切り肉 … 400 g
じゃがいも … 2個
長ねぎ … 1〜2本
にんにく（4つ割りにする）… 2片
酒 … 1/2 カップ
塩 … 小さじ 2/3

1 下ごしらえをする
鶏肉はさっとゆでてざるに上げる。じゃがいもは1cm厚さの輪切りにし、長ねぎは5cm長さの細切りにする。

2 煮る
鍋に水4カップ、鶏肉、にんにく、酒を入れて煮立て、弱火で15分ほど煮る。じゃがいもを加えて5〜6分煮て、じゃがいもがやわらかくなったら長ねぎを加える。再び煮立ったら塩で調味する。

さば缶のごまみそ汁

10 *minutes*

recipe

材料（2人分）
さば水煮缶 … 1缶（190 g）
キャベツ（または白菜）… 100 g
しめじ … 1/2 パック（50 g）
みそ … 大さじ 1
白すりごま … 大さじ 2
七味唐辛子 … 少々

1 下ごしらえをする
キャベツはひと口大に切る。しめじは石づきを取ってほぐす。

2 煮る
鍋に水2カップとさばを缶汁ごと入れて煮立て、**1**を加えて中火でキャベツがしんなりするまで煮る。みそを溶き入れてすりごまを加え、器に盛り、七味唐辛子をふる。

鶏肉のうまみとにんにくの香りが口いっぱいに広がります。
おいしさのポイントはたっぷりの酒を使うこと。
キムチがよく合うので、ぜひ一緒にどうぞ。
具を食べ終えたら、最後は雑炊にしてもおいしい。

さば缶の缶汁がだし代わり。
手軽でほっとする味わいの具だくさんみそ汁です。
豆腐を加えてボリュームアップすると、おかずいらずの一杯に。

えびのココナッツトマトスープ

10 *minutes*

recipe

材料（2人分）
むきえび … 8尾（130 g）
玉ねぎ（粗みじん切り）… 1/3個
にんにく（薄切り）… 1/2片
しょうが（薄切り）… 1/2片
植物油 … 小さじ1
カットトマト缶 … 1/2缶（200 g）
ココナッツミルク … 1カップ
ナンプラー … 小さじ1と1/2～2
香菜 … 少々

1 下ごしらえをする
えびは背側に切り込みを入れて背わたを取る。

2 煮る
鍋に油を中火で熱し、玉ねぎ、にんにく、しょうがを炒める。玉ねぎが透き通ってきたらえびを加え、色が変わったら水3/4カップ、カットトマト、ココナッツミルクを加えてひと煮立ちさせる。ナンプラーで調味し、器に盛り、刻んだ香菜をのせる。

野菜たっぷりクラムチャウダー

20 *minutes*

recipe

材料（2人分）
あさり（殻つき・砂抜き済みのもの）… 250 g
かぶ … 2個（160 g）
玉ねぎ … 1/2個
セロリ … 1/2本（50 g）
ベーコン … 2枚
にんにく（薄切り）… 1片
オリーブオイル … 少々
バター … 大さじ1/2
薄力粉 … 大さじ1と1/2
白ワイン … 大さじ2
牛乳 … 1と1/2カップ
塩、こしょう … 各適量
イタリアンパセリ … 少々

1 下ごしらえをする
かぶは8つ割りにしてから横半分に切る。玉ねぎ、セロリは1cm角に切る。ベーコンは1cm幅に切る。

2 炒める
鍋にオリーブオイルを中火で熱し、ベーコンを炒める。脂が出てきたら、**1**の野菜、にんにく、塩少々を加えて玉ねぎがしんなりするまで炒める。

3 煮る
バターを加え、薄力粉をふってひと炒めし、白ワイン、水1カップ、あさりを加える。ふたをして5分ほど煮たら牛乳を加え、塩、こしょう各少々で調味し、2～3分煮る。器に盛り、刻んだイタリアンパセリをのせる。

トマト缶とココナッツミルクを合わせた、
エスニック風味のまろやかなスープ。
好みでゆずこしょうを添えると、よりタイ風の味わいに。
えびの代わりに豚肉やシーフードミックスを使ってもおいしく作れます。

疲れた体がふっとほぐれる、やさしいとろみの一杯。
あさりは冷凍しておけば、解凍せずすぐ使えます。
野菜はあるものでOKですが、セロリを入れるのが好き。
時間があるときなら、じゃがいもやにんじんを加えてもいいですね。
朝食にもおすすめです。

column 3　時短でもおいしく作るアイデア

短時間でおいしい料理を仕上げるには、すき間時間の下ごしらえや、
食材のおいしさをキープする上手な保存、便利な道具の活用も大事です。

[ちょこっとやっておきたい下ごしらえ]

昆布水

だし汁は昆布水が手軽でおすすめ。水1ℓにつき5cm四方の昆布を2枚入れて半日おくだけです。3日ほど冷蔵保存可。

簡単鶏スープ

鶏手羽元500gに塩大さじ1/2をすり込み、出てきた水分をふいて、水1ℓ、香味野菜と弱火で40分煮てこします。鶏肉はほぐしてサラダなどに。

洗い米

米を洗って30分ほど浸水させ、水けをきり、保存袋に入れて冷蔵庫へ。1～2日は保存可能。すぐ炊くよりおいしい！

[おいしさを保つ保存法]

ハーブ

使い残したハーブ類は水にさらして水けをきり、密閉びんに立てて入れ、冷蔵庫へ。1週間ほどは日持ちします。

あさり

あさりは冷凍が可能。砂抜きをして水けをきり、保存袋に入れて冷凍庫へ。凍ったまま使います。冷凍でうまみもアップ。

チーズ

ハードチーズはアルミホイルで包むと、においが移りません。そのほかのチーズはオーブンシートに包んで保存袋へ。

[あると便利なキッチングッズ]

サラダスピナー

野菜の水けをしっかりときることで歯ざわりがよくなり、ドレッシングも水っぽくなりません。水けをきったら冷やすのも忘れずに。

電動ミル

こしょうはやっぱりひきたてが一番！香りが格段によくなります。電動なら、調理中でも片手でひけるから便利です。

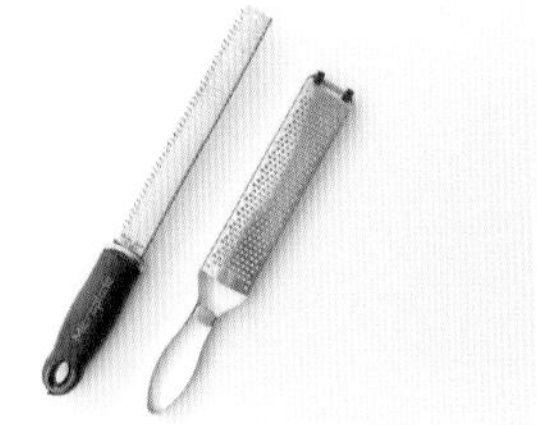

グレーター

チーズやレモンの皮をすりおろしながらふるのに便利なグレーター。しょうがやにんにくのすりおろしにも重宝します。

4

おなかと心を満たす パスタと麺

おなかがすいた！　がっつり食べたい！
そんなときはやっぱり炭水化物。
手軽でおいしいパスタや麺料理は欠かせません。
ここではわが家の定番と、旅先で食べた思い出の味を
作りやすくしたレシピを紹介します。
夏におすすめの冷たい麺もぜひ楽しんでください。

たらこと切り干し大根の
サラダ風クリームパスタ

作り方：p.82

切り干し大根といえば定番は煮ものだけど、
さっともどしてサラダ風にして食べるのも好き。
切らずにすぐ使えるし、わが家では常備している乾物のひとつです。
大好きなたらこパスタに加えてみたら、食感に変化がついて、
かさ増しにも。野菜を食べてるって安心感も与えてくれて一石三鳥！
パスタのゆで上がりぎわに加えてさっとゆでれば、
歯ざわりもよくなります。仕上げのレモンが香りと味のアクセント。

カリフラワーとツナマヨのペンネ

作り方：p.83

パスタと野菜を一緒にゆでてワンボウルであえるだけ。
冷めてもツナサラダ風でおいしい。
もう何も作りたくない……というくらい疲れている日でもなんとかなる！ 塩と酢をもみ込んだ紫玉ねぎは、色鮮やかで、サラダのトッピングなどにも重宝します。

たらこと切り干し大根のサラダ風クリームパスタ

25 *minutes*

recipe

材料（2人分）
切り干し大根 … 20 g
たらこ … 60 g
スパゲッティ … 130 g
生クリーム … 80mℓ
（乳脂肪分 40％台のものがおすすめ）
塩、こしょう … 各少々
レモン … 1/4個
貝割れ菜 … 適量

1 下ごしらえをする
切り干し大根は熱湯に 10分ほどひたしてざるに上げ、長ければ食べやすく切る。たらこは薄皮を除いて大きめのボウルに入れ、生クリームを加えて混ぜる。

2 ゆでる
鍋に湯を沸かし、塩適量（分量外）を加えてスパゲッティを表示のゆで時間どおりにゆでる。ゆで上がりの直前に切り干し大根を加えてさっと混ぜ、切り干し大根が温まったら、一緒にざるに上げる。

3 仕上げる
2を **1**のボウルに加えてあえ、塩、こしょうで味をととのえる。レモンをしぼり入れ、皮をすりおろしながらふって器に盛り、貝割れ菜をちらす。

切り干し大根はパスタの
ゆで上がりぎわに加え、軽く火を通すと、
食感よく仕上がります。

カリフラワーとツナマヨのペンネ

20 *minutes*

recipe

材料（2人分）

ペンネ … 120 g
カリフラワー … 80 g
紫玉ねぎ … 1/3個
ツナ缶（油漬け）… 小1缶
塩、酢 … 各少々

A
マヨネーズ … 大さじ2
ごま油 … 小さじ2
しょうゆ … 小さじ1

1 下ごしらえをする

紫玉ねぎは縦薄切りにしてさっと水にさらし、水けをきる。塩、酢をふってもみ、水けをしぼる。カリフラワーは小房に分ける。

2 ゆでる

フライパンに湯を沸かし、塩適量（分量外）を加える。ペンネを加えて5分ほどゆでたらカリフラワーを加え、表示のゆで時間どおりにゆでてざるに上げる。

3 仕上げる

2をボウルに移し、ツナ（油ごと）、**A**を加えて混ぜる。器に盛り、**1**の紫玉ねぎをのせる。

memo

・カリフラワーを全部パスタに替えると、食べごたえのあるツナパスタになって夫の大好物に変身です。その場合は、紫玉ねぎより、焼きのりトッピングがおすすめ。

カリフラワーは
パスタをゆでている湯に
時間差で加えてゆでればOK。

香港で食べたシンガポールビーフンをアレンジ。
カレーに海鮮のだしが効いて、あっさり食べられます。
ビーフンは別ゆでせず、汁けを吸わせながら作るから、
簡単なうえにふっくらとした仕上がりに。

memo

- 干しえびがない場合は、しょうゆをナンプラーに替えればOK。
- セロリの代わりにレタス、香菜、もやしなどを加えてもおいしい。
- ボリュームアップしたいときは、多めのごま油で炒り卵を作ってのせても。

海鮮カレービーフン

🕓 **20***minutes*

recipe

材料（2人分）

台湾（新竹）ビーフン … 80 g
　たっぷりの熱湯に5分ほどつけてもどし、
　ざるに上げて食べやすく切る。
シーフードミックス（冷凍）… 150 g
豚バラ薄切り肉 … 50 g
セロリ … 1本
干しえび … 小さじ1強（5 g）
　刻んで熱湯大さじ2に10分ほどつけてもどし、
　身ともどし汁を分ける。
にんにく（薄切り）… 1片
塩 … 小さじ1/4
ごま油 … 小さじ2
カレー粉 … 小さじ2
A｜水 … 1/2カップ
　｜オイスターソース … 小さじ2
　｜しょうゆ … 小さじ1

1　下ごしらえをする
セロリは茎は斜め薄切りに、葉はざく切りにする。豚肉はひと口大に切り、塩をもみ込む。

2　炒める
フライパンにごま油を中火で熱し、豚肉、にんにく、干しえびを炒める。豚肉の色が変わったらシーフードミックスを加えてカレー粉をふり、ビーフンを加えてさらに炒める。

3　仕上げる
A、干しえびのもどし汁を加え、ふたをして3分ほど煮る。ふたを取り、汁けが残っていれば飛ばし、セロリの茎を加えてひと炒めする。器に盛り、セロリの葉をのせる。

香港風カリカリ焼きそば

15 *minutes*

recipe

材料（2人分）

焼きそば用蒸し麺 … 2袋
豚バラ薄切り肉（または豚こま切れ肉）… 50 g
にら … 1束
もやし … 1袋
塩 … 小さじ 1/4
ごま油 … 大さじ 1
A | オイスターソース … 大さじ 1
　| しょうゆ … 大さじ 1/2
　| ナンプラー、きび砂糖 … 各小さじ 1/2
粗びき黒こしょう … 少々

1 下ごしらえをする
にらは3〜4cm長さに切る。もやしはできればひげ根と芽を取る。豚肉は食べやすく切って塩をもみ込む。**A**は合わせておく。

2 麺を焼きつける
フライパンにごま油と麺を入れ、アルミホイルをかぶせ、フライパンよりひとまわり小さめの鍋などをのせて重しをし、中火にかける。カリッとしたら上下を返し、同様に重しをして焼く。空いているところに豚肉を入れて色が変わるまで炒める。

3 仕上げる
Aを加えて麺をほぐし、もやし、にらを加えてひと炒めする。器に盛り、粗びき黒こしょうをふる。

memo

- あればしょうゆは中国しょうゆか、色が濃く、甘みのあるたまりじょうゆがおすすめ。

麺に鍋などで重しをして、
カリカリッと焼いて香ばしく仕上げます。
香港ではほとんど麺ですが、私はもやしをたくさん入れるのが好き。
面倒ですが、ひげ根を取ると味わいは格別です。

トマト肉みそとハーブのラオス風汁麺

作り方：p.88

ラオスはルアンパバーンの屋台で食べたカオソーイ。
本来はフォーを使いますが、手軽な冷凍うどんで。そうめんやビーフンも合います。
トマト入りの肉みそは簡単に作れるようシンプルにしましたが、
このアレンジもあっさり日本風でいいかなと思っています。
たっぷりのハーブをのせて、すだちをキュッとしぼれば、旅気分が味わえます。

鶏肉とにらの煮込み麺

作り方：p.89

子どものころ、父に連れられて行った中華料理店の鶏煮込みそばをイメージ。
あつあつのごま油であえたにらが香りよく、
軽くとろみのついたスープとやわらかく煮た麺によく合います。
にらに加えた黒酢と、たっぷりのこしょうがポイント。
不思議と深夜に食べたくなる危険な味です。

トマト肉みそとハーブのラオス風汁麺

10 *minutes*

recipe

材料（2人分）

豚ひき肉 … 100 g
トマト … 小1個（100 g）
冷凍うどん（稲庭風）… 2袋
にんにく（みじん切り）… 1片
ごま油 … 小さじ 1/2
みそ … 大さじ 1
豆板醤《トウバンジャン》 … 小さじ 1
A | 水 … 3と 1/2 カップ
　| ナンプラー … 小さじ 2
　| 鶏ガラスープの素 … 小さじ 1
ミント、香菜、すだち（4つ割り）… 各適量

1　下ごしらえをする

トマトは1cm角に切る。うどんは表示どおりに電子レンジで加熱する。

2　ひき肉を炒める

フライパンにごま油を中火で熱し、ひき肉とにんにくを炒める。ひき肉の色が変わったらみそ、豆板醤を加えてひと炒めし、トマトを加えてざっと混ぜ、火を止める。

3　仕上げる

鍋に**A**を煮立て、うどんを入れて温める。器に盛り、**2**、刻んだミント、香菜をのせ、すだちをしぼる。

memo

- ラオスでは米の麺が使われるので、フォーや台湾ビーフンで作るのもおすすめ。たっぷりの熱湯をかけて5分ほどおき、最後にスープに加えて温めればOK。

トマトを加えてすぐに火を止めると
フレッシュな感じに。
軽く煮つめるとみそと一体化して、
どちらもおいしい。

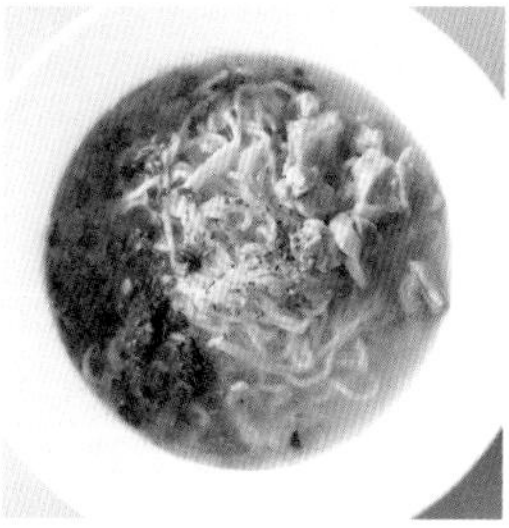

鶏肉とにらの煮込み麺

15 *minutes*

recipe

材料（2人分）
鶏もも肉 … 150 g
にら … 1束
中華生麺 … 2袋（240 g）
ごま油 … 大さじ2
塩 … ひとつまみ
黒酢（または酢）… 小さじ2
A ｜水 … 5カップ
｜鶏ガラスープの素、しょうゆ … 各小さじ1
｜塩 … 小さじ1/2～1
粗びき白こしょう … 少々

1　下ごしらえをする
にらはみじん切りにする。鶏肉は小さめのひと口大に切る。

2　にらを準備する
フライパンにごま油を強火で熱し、いったん火を止める。にら、塩を入れてさっと混ぜ、黒酢を加えて混ぜる。器に等分に入れる。

3　麺を煮る
2のフライパンに**A**、鶏肉を入れて煮立て、アクを取りながら2～3分煮る。麺を加えて2分煮て、**2**の器に等分に盛り、粗びき白こしょうをふる。

memo

- 中華生麺は商品によって、打ち粉の量や塩分が大きく異なります。打ち粉が多くついているものは、スープにとろみがつきすぎるので、払い落とすか、熱湯でさっとゆでこぼしてください。ここでは塩分1%未満のものを使いました。表示を確認して、塩分がもっと多いものは塩の分量を少なめにしてください。
- **A**の水、鶏ガラスープの素を簡単鶏スープ（p.78）にすると、よりおいしく作れます。

うまみのきいた汁で麺をゆでて、
麺にもしっかりと味を吸わせます。

梅風味が大好きな私が、学生のころからよく作っているパスタです。
缶詰のオイルサーディンで手軽にできて、
どこかなつかしい味わい。いわしと梅干しの組み合わせは
相性抜群。缶詰でも十分に楽しめます。

memo

- カッペリーニはすぐにゆで上がるので、下ごしらえを終えてからゆで始めると安心。ゆでるとかさが増えるので、少し少なめに。

オイルサーディンの冷製梅じそパスタ

15 *minutes*

recipe

材料（2人分）
オイルサーディン … 1缶（100 g）
カッペリーニ … 100 g
細ねぎ（小口切り）… 5本
青じそ（せん切り）… 10枚
A | 梅干し（塩分 15%・種を除いてたたく）… 2個
オリーブオイル … 大さじ 2
塩 … ひとつまみ
オリーブオイル … 大さじ 1

1 下ごしらえをする
大きめのボウルにオイルサーディンを油ごと入れ、**A**、細ねぎと青じそのそれぞれ半量を加え、オイルサーディンを軽くくずしながらよく混ぜる。

2 パスタをゆでる
鍋に湯を沸かし、塩適量（分量外）を加えてカッペリーニを表示のゆで時間より 1 分長めにゆでる。氷水に取り、水けをしっかり取ってオリーブオイルをからめる。

3 仕上げる
2を**1**のボウルに加えてあえ、器に盛り、残りの細ねぎ、青じそをちらす。

コクのある豆乳とめんつゆを混ぜたスープで、
韓国の人気麺、コングクス風に仕立てました。
貝割れ菜やサラダチキンをトッピングするのもよく合います。

豆乳スープのキムチそうめん

🕓 **10** *minutes*

recipe

材料（2人分）
白菜キムチ … 30 g
そうめん … 2束（100 g）
きゅうり … 1/2本
ゆで卵 … 1個
青じそ（せん切り）… 4 ～ 5枚
A | 豆乳（無調整）… 3 カップ
　| めんつゆ（3倍濃縮）… 大さじ 1
　| 塩 … 小さじ 1/2
ごま油（またはラー油）、白すりごま … 各少々

1 下ごしらえをする
きゅうりは斜め薄切りにしてからせん切りにする。ゆで卵は殻をむいて半分に切る。**A**は合わせて冷やす。

2 そうめんをゆでて仕上げる
鍋に湯を沸かし、そうめんを表示のゆで時間どおりにゆでる。氷水に取り、水けをしっかりきる。器に盛って、**A**を注ぎ、**1**の具、白菜キムチ、青じそをのせる。ごま油、すりごまをふる。

column 4

余った材料でお手軽スイーツ

料理に使った生クリーム、クリームチーズ、ココナッツミルクは
余ったら、ぜひスイーツに。食後のデザートがあれば、疲れもさらに吹き飛びます。

口の中でココナッツの香りが広がるアジアンスイーツ。トッピングは冷凍マンゴーやゆであずきでお手軽に。

ココナッツミルクのブランマンジェ

5 *minutes*（冷やす時間は除く）

材料（容量100mℓのグラス4個分）
ココナッツミルク … 3/4カップ
牛乳、生クリーム … 各70mℓ
粉ゼラチン … 5g
　水大さじ1と1/2にふり入れてふやかしておく。
砂糖 … 30g
冷凍マンゴー、ゆであずき … 各適量

1 耐熱ボウルに牛乳を入れて電子レンジで1分加熱する。粉ゼラチン、砂糖を加えてよく混ぜて溶かす。ココナッツミルク、生クリームを加えて泡立て器でよく混ぜ、グラスに注いで冷蔵庫で2時間ほど冷やし固める。食べやすく切った冷凍マンゴー、ゆであずきを好みでのせる。

ストロベリーレアチーズアイスクリーム

10 *minutes*（冷やす時間は除く）

さっと煮たいちごをクリームチーズ、生クリームと合わせ、冷やすだけ。いちごジャムでより手軽に作っても。

材料（容量200mℓのグラス2個分）
いちご … 30 g
グラニュー糖 … 適量
クリームチーズ … 80 g
生クリーム … 80mℓ
はちみつ … 小さじ1

1. 鍋にいちご、グラニュー糖大さじ1を入れてざっと混ぜ、水けが出てきたら中火にかけ、水分を飛ばすようにさっと煮る。
2. 耐熱ボウルにクリームチーズを入れ、電子レンジで30秒ほど加熱し、グラニュー糖小さじ2を加えて混ぜる。生クリームを少しずつ加えて泡立て、とろみがついたら**1**とはちみつを加えて混ぜる。
3. グラスに入れ、冷凍庫で2時間ほど冷やし固める。いちご2個（分量外）を半分に切って飾る。

オーブントースターで仕上げるとふっくらと焼き上がります。生クリームのおかげでちょっとぜいたくな味わいに。

サイコロパンプディング

25 *minutes*

材料（2人分）
食パン（4枚切り）… 1枚
A | 卵 … 1個　牛乳 … 70mℓ
　生クリーム … 30mℓ　砂糖 … 大さじ1
　バニラシュガー（あれば）… 少々
バター、メープルシロップ … 各適量

1. 耐熱ボウルに**A**を入れてよく混ぜる。食パンを9等分（縦横それぞれ3等分）に切って**A**にひたし、フォークを数カ所刺して穴をあけ、15分ほどおく（時間がないときは電子レンジで1分ほど加熱する）。
2. 耐熱の器に等分に入れ、オーブントースターで10分ほど焼く。器に盛り、バターをのせ、メープルシロップをかける。

Index ［食材別インデックス］

メインの食材から料理を探せます。

若山曜子　わかやま・ようこ

料理・菓子研究家。東京外国語大学フランス語学科卒業後、パリへ留学。ル・コルドン・ブルーパリ、エコール・フェランディを経て、フランス国家資格(CAP)を取得。パリのパティスリーやレストランで経験を積み帰国。現在は、雑誌や書籍、企業のレシピ開発のほか、お菓子と料理のオンライン教室を主宰している。SNSでの発信でも注目されている。おいしくて、おしゃれな、そして作りやすいレシピが大人気。『さつまいものお菓子』『マフィン型で作る小さなお菓子』（ともに家の光協会）など著書多数。
instagram：@yoochanpetite

疲れていても、
おいしいものが食べたい！

若山曜子の気楽に作る日々のごはん

2024年6月20日　第1刷発行

著　者　若山曜子
発行者　木下春雄
発行所　一般社団法人 家の光協会
〒162-8448
東京都新宿区市谷船河原町11
電話　03-3266-9029（販売）
03-3266-9028（編集）
振替　00150-1-4724
印刷・製本　株式会社東京印書館

デザイン　福間優子
撮影　邑口京一郎
スタイリング　池水陽子
料理アシスタント　尾崎史江／細井美波／藤本早苗
取材・文　久保木 薫
編集　小島朋子
校正　安久都淳子
DTP 制作　天龍社

ISBN978-4-259-56804-7　C0077